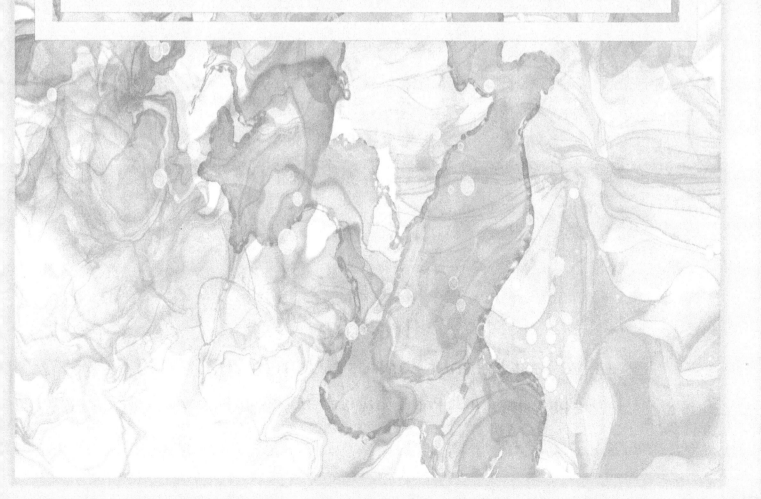

Breathe

Five Year Planner For Busy Women 2021-2025

Breathe

Five Year Planner For Busy Women 2021-2025

This *Planner*
Belongs To:

Name: ....

Address: ....

....

....

Phone: ....

Email: ....

How To Use This *Planner*

1. Add your details to the "Planner Belongs To" page.
2. Fill in the Emergency Contact Details.
3. Add contact & *password details to the Contact and Password Pages for this year. (These pages appear in each yearly section to allow for revision & updates).
4. Add this year's birthdays, anniversaries, and special occasions to the daily calendar boxes.
5. Next add in current goals, tasks, meetings, appointments, events, etc. Continue adding these as they occur throughout the year.
6. Pick a time each day (morning or night – whatever works for you) to record and review what's coming up in the days, weeks, and months ahead.
7. Follow your own style. Use your favorite pen or pencil to add entries or jazz things up with stickers, highlighter markers or washi tape!
8. Finally, try not to be hard on yourself. Life is busy and the juggle is real. Make plans, write them down, and do the best you can!

*Create a secret four-digit code and add this to your passwords when you create them. Never write the "secret code" portion of your passwords in this planner. This way your whole passwords are never revealed and are kept safe and secure.

Emergency Contacts

CONTACT 1 NAME		RELATIONSHIP	
PHONE 1		PHONE 2	
ADDRESS			
CONTACT 2 NAME		RELATIONSHIP	
PHONE 1		PHONE 2	
ADDRESS			
CONTACT 3 NAME		RELATIONSHIP	
PHONE 1		PHONE 2	
ADDRESS			

Neighbors/Landlord

NEIGHBOR 1 NAME		PHONE	
NEIGHBOR 2 NAME		PHONE	
NEIGHBOR 3 NAME		PHONE	
LANDLORD /		PHONE	

Medical Contacts

DOCTOR NAME		PHONE	
DENTIST NAME		PHONE	
PREFERRED HOSPITAL		PHONE	

Emergency Services

POLICE DEPARTMENT		PHONE	
FIRE DEPARTMENT		PHONE	
ELECTRIC COMPANY		PHONE	
GAS COMPANY		PHONE	
WATER COMPANY		PHONE	
POISON CONTROL		PHONE	
ANIMAL CONTROL		PHONE	

If You're
too busy
To Laugh
then you're too
Darn Busy!

2021

January

Su	Mo	Tu	We	Th	Fr	Sa
					1	2
3	4	5	6	7	8	9
10	11	12	13	14	15	16
17	18	19	20	21	22	23
24	25	26	27	28	29	30
31						

February

Su	Mo	Tu	We	Th	Fr	Sa
	1	2	3	4	5	6
7	8	9	10	11	12	13
14	15	16	17	18	19	20
21	22	23	24	25	26	27
28						

March

Su	Mo	Tu	We	Th	Fr	Sa
	1	2	3	4	5	6
7	8	9	10	11	12	13
14	15	16	17	18	19	20
21	22	23	24	25	26	27
28	29	30	31			

April

Su	Mo	Tu	We	Th	Fr	Sa
				1	2	3
4	5	6	7	8	9	10
11	12	13	14	15	16	17
18	19	20	21	22	23	24
25	26	27	28	29	30	

May

Su	Mo	Tu	We	Th	Fr	Sa
						1
2	3	4	5	6	7	8
9	10	11	12	13	14	15
16	17	18	19	20	21	22
23	24	25	26	27	28	29
30	31					

June

Su	Mo	Tu	We	Th	Fr	Sa
		1	2	3	4	5
6	7	8	9	10	11	12
13	14	15	16	17	18	19
20	21	22	23	24	25	26
27	28	29	30			

July

Su	Mo	Tu	We	Th	Fr	Sa
				1	2	3
4	5	6	7	8	9	10
11	12	13	14	15	16	17
18	19	20	21	22	23	24
25	26	27	28	29	30	31

August

Su	Mo	Tu	We	Th	Fr	Sa
1	2	3	4	5	6	7
8	9	10	11	12	13	14
15	16	17	18	19	20	21
22	23	24	25	26	27	28
29	30	31				

September

Su	Mo	Tu	We	Th	Fr	Sa
			1	2	3	4
5	6	7	8	9	10	11
12	13	14	15	16	17	18
19	20	21	22	23	24	25
26	27	28	29	30		

October

Su	Mo	Tu	We	Th	Fr	Sa
					1	2
3	4	5	6	7	8	9
10	11	12	13	14	15	16
17	18	19	20	21	22	23
24	25	26	27	28	29	30
31						

November

Su	Mo	Tu	We	Th	Fr	Sa
	1	2	3	4	5	6
7	8	9	10	11	12	13
14	15	16	17	18	19	20
21	22	23	24	25	26	27
28	29	30				

December

Su	Mo	Tu	We	Th	Fr	Sa
			1	2	3	4
5	6	7	8	9	10	11
12	13	14	15	16	17	18
19	20	21	22	23	24	25
26	27	28	29	30	31	

CONTACT LIST

First Name	Last Name	Phone	Email	Cell

PASSWORD LIST

Website	My User Name	My Email	Password	Notes

JAN
2021

DAYS			1	2	3	4	5	6	7
PLANS									

SUNDAY	MONDAY	TUESDAY
3	**4**	**5**
10	**11**	**12**
17	**18**	**19**
24	**25**	**26**
31		

TO DO LIST:

- ○ _____
- ○ _____
- ○ _____
- ○ _____
- ○ _____
- ○ _____
- ○ _____
- ○ _____
- ○ _____
- ○ _____
- ○ _____
- ○ _____
- ○ _____
- ○ _____
- ○ _____
- ○ _____
- ○ _____
- ○ _____
- ○ _____
- ○ _____
- ○ _____

FEBRUARY 2021

SUN	MON	TUE	WED	THU	FRI	SAT
	1	2	3	4	5	6
7	8	9	10	11	12	13
14	15	16	17	18	19	20
21	22	23	24	25	26	27
28						

8	9	10	11	12	13	14	15	16	17	18	19	20	21	22	23	24	25	26	27	28	29	30	31

WEDNESDAY	THURSDAY	FRIDAY	SATURDAY
		1	2
6	7	8	9
13	14	15	16
20	21	22	23
27	28	29	30

FEB
2021

DAYS			1	2	3	4	5	6	7
PLANS									

SUNDAY	MONDAY	TUESDAY
	1	2
7	8	9
14	15	16
21	22	23
28		

TO DO LIST:

○ _____
○ _____
○ _____
○ _____
○ _____
○ _____
○ _____
○ _____
○ _____
○ _____
○ _____
○ _____
○ _____
○ _____
○ _____
○ _____
○ _____
○ _____
○ _____
○ _____
○ _____
○ _____

MARCH 2021

SUN	MON	TUE	WED	THU	FRI	SAT
	1	2	3	4	5	6
7	8	9	10	11	12	13
14	15	16	17	18	19	20
21	22	23	24	25	26	27
28	29	30	31			

8	9	10	11	12	13	14	15	16	17	18	19	20	21	22	23	24	25	26	27	28

WEDNESDAY	THURSDAY	FRIDAY	SATURDAY
3	4	5	6
10	11	12	13
17	18	19	20
24	25	26	27

MAR 2021

DAYS		1	2	3	4	5	6	7
PLANS								

SUNDAY	MONDAY	TUESDAY
	1	2
7	8	9
14	15	16
21	22	23
28	29	30

TO DO LIST:

- ○ _____
- ○ _____
- ○ _____
- ○ _____
- ○ _____
- ○ _____
- ○ _____
- ○ _____
- ○ _____
- ○ _____
- ○ _____
- ○ _____
- ○ _____
- ○ _____
- ○ _____
- ○ _____
- ○ _____
- ○ _____
- ○ _____
- ○ _____
- ○ _____

APRIL 2021

SUN	MON	TUE	WED	THU	FRI	SAT
				1	2	3
4	5	6	7	8	9	10
11	12	13	14	15	16	17
18	19	20	21	22	23	24
25	26	27	28	29	30	

8	9	10	11	12	13	14	15	16	17	18	19	20	21	22	23	24	25	26	27	28	29	30	31

WEDNESDAY	THURSDAY	FRIDAY	SATURDAY
3	4	5	6
10	11	12	13
17	18	19	20
24	25	26	27
31			

APR
2021

DAYS			1	2	3	4	5	6	7
PLANS			☐	☐	☐	☐	☐	☐	☐
			☐	☐	☐	☐	☐	☐	☐
			☐	☐	☐	☐	☐	☐	☐

SUNDAY	MONDAY	TUESDAY
4	5	6
11	12	13
18	19	20
25	26	27

TO DO LIST:

- ◯ _____
- ◯ _____
- ◯ _____
- ◯ _____
- ◯ _____
- ◯ _____
- ◯ _____
- ◯ _____
- ◯ _____
- ◯ _____
- ◯ _____
- ◯ _____
- ◯ _____
- ◯ _____
- ◯ _____
- ◯ _____
- ◯ _____
- ◯ _____
- ◯ _____
- ◯ _____
- ◯ _____

MAY 2021

SUN	MON	TUE	WED	THU	FRI	SAT
						1
2	3	4	5	6	7	8
9	10	11	12	13	14	15
16	17	18	19	20	21	22
23	24	25	26	27	28	29
30	31					

	8	9	10	11	12	13	14	15	16	17	18	19	20	21	22	23	24	25	26	27	28	29	30

WEDNESDAY	THURSDAY	FRIDAY	SATURDAY
	1	2	3
7	8	9	10
14	15	16	17
21	22	23	24
28	29	30	

MAY
2021

DAYS			1	2	3	4	5	6	7
PLANS									

SUNDAY	MONDAY	TUESDAY

TO DO LIST:

- _____
- _____
- _____
- _____
- _____
- _____
- _____
- _____
- _____
- _____
- _____
- _____
- _____
- _____
- _____
- _____
- _____
- _____
- _____
- _____
- _____
- _____

SUNDAY	MONDAY	TUESDAY
2	3	4
9	10	11
16	17	18
23	24	25
30	31	

JUNE 2021

SUN	MON	TUE	WED	THU	FRI	SAT
		1	2	3	4	5
6	7	8	9	10	11	12
13	14	15	16	17	18	19
20	21	22	23	24	25	26
27	28	29	30			

8	9	10	11	12	13	14	15	16	17	18	19	20	21	22	23	24	25	26	27	28	29	30	31

WEDNESDAY	THURSDAY	FRIDAY	SATURDAY
			1
5	6	7	8
12	13	14	15
19	20	21	22
26	27	28	29

JUN
2021

DAYS		1	2	3	4	5	6	7
PLANS								

SUNDAY	MONDAY	TUESDAY

TO DO LIST:

- _____
- _____
- _____
- _____
- _____
- _____
- _____
- _____
- _____
- _____
- _____
- _____
- _____
- _____
- _____
- _____
- _____
- _____
- _____
- _____
- _____
- _____

		1
6	7	8
13	14	15
20	21	22
27	28	29

JULY 2021

SUN	MON	TUE	WED	THU	FRI	SAT
				1	2	3
4	5	6	7	8	9	10
11	12	13	14	15	16	17
18	19	20	21	22	23	24
25	26	27	28	29	30	31

8	9	10	11	12	13	14	15	16	17	18	19	20	21	22	23	24	25	26	27	28	29	30

WEDNESDAY	THURSDAY	FRIDAY	SATURDAY
2	3	4	5
9	10	11	12
16	17	18	19
23	24	25	26
30			

JUL 2021

DAYS			1	2	3	4	5	6	7
PLANS			☐	☐	☐	☐	☐	☐	☐
			☐	☐	☐	☐	☐	☐	☐
			☐	☐	☐	☐	☐	☐	☐

SUNDAY	MONDAY	TUESDAY
4	5	6
11	12	13
18	19	20
25	26	27

TO DO LIST:

- ○ _____
- ○ _____
- ○ _____
- ○ _____
- ○ _____
- ○ _____
- ○ _____
- ○ _____
- ○ _____
- ○ _____
- ○ _____
- ○ _____
- ○ _____
- ○ _____
- ○ _____
- ○ _____
- ○ _____
- ○ _____
- ○ _____
- ○ _____

AUGUST 2021

SUN	MON	TUE	WED	THU	FRI	SAT
1	2	3	4	5	6	7
8	9	10	11	12	13	14
15	16	17	18	19	20	21
22	23	24	25	26	27	28
29	30	31				

8	9	10	11	12	13	14	15	16	17	18	19	20	21	22	23	24	25	26	27	28	29	30	31

WEDNESDAY	THURSDAY	FRIDAY	SATURDAY
	1	2	3
7	8	9	10
14	15	16	17
21	22	23	24
28	29	30	31

AUG
2021

DAYS		1	2	3	4	5	6	7
PLANS								

SUNDAY	MONDAY	TUESDAY
1	2	3
8	9	10
15	16	17
22	23	24
29	30	31

TO DO LIST:

○ _____
○ _____
○ _____
○ _____
○ _____
○ _____
○ _____
○ _____
○ _____
○ _____
○ _____
○ _____
○ _____
○ _____
○ _____
○ _____
○ _____
○ _____
○ _____
○ _____
○ _____
○ _____

SEPTEMBER 2021

SUN	MON	TUE	WED	THU	FRI	SAT
			1	2	3	4
5	6	7	8	9	10	11
12	13	14	15	16	17	18
19	20	21	22	23	24	25
26	27	28	29	30		

8	9	10	11	12	13	14	15	16	17	18	19	20	21	22	23	24	25	26	27	28	29	30	31

WEDNESDAY	THURSDAY	FRIDAY	SATURDAY
4	5	6	7
11	12	13	14
18	19	20	21
25	26	27	28

SEP
2021

DAYS			1	2	3	4	5	6	7
PLANS			☐	☐	☐	☐	☐	☐	☐
			☐	☐	☐	☐	☐	☐	☐
			☐	☐	☐	☐	☐	☐	☐

SUNDAY	MONDAY	TUESDAY
5	6	7
12	13	14
19	20	21
26	27	28

TO DO LIST:

○ _____
○ _____
○ _____
○ _____
○ _____
○ _____
○ _____
○ _____
○ _____
○ _____
○ _____
○ _____
○ _____
○ _____
○ _____
○ _____
○ _____
○ _____
○ _____
○ _____
○ _____
○ _____

OCTOBER 2021

SUN	MON	TUE	WED	THU	FRI	SAT
					1	2
3	4	5	6	7	8	9
10	11	12	13	14	15	16
17	18	19	20	21	22	23
24	25	26	27	28	29	30
31						

8	9	10	11	12	13	14	15	16	17	18	19	20	21	22	23	24	25	26	27	28	29	30

WEDNESDAY	THURSDAY	FRIDAY	SATURDAY
1	2	3	4
8	9	10	11
15	16	17	18
22	23	24	25
29	30		

OCT 2021

DAYS		1	2	3	4	5	6	7
PLANS								

SUNDAY	MONDAY	TUESDAY

TO DO LIST:

- ○ _____
- ○ _____
- ○ _____
- ○ _____
- ○ _____
- ○ _____
- ○ _____
- ○ _____
- ○ _____
- ○ _____
- ○ _____
- ○ _____
- ○ _____
- ○ _____
- ○ _____
- ○ _____
- ○ _____
- ○ _____
- ○ _____
- ○ _____
- ○ _____
- ○ _____

SUNDAY	MONDAY	TUESDAY
3	4	5
10	11	12
17	18	19
24	25	26
31		

NOVEMBER 2021

SUN	MON	TUE	WED	THU	FRI	SAT
	1	2	3	4	5	6
7	8	9	10	11	12	13
14	15	16	17	18	19	20
21	22	23	24	25	26	27
28	29	30				

8	9	10	11	12	13	14	15	16	17	18	19	20	21	22	23	24	25	26	27	28	29	30	31

WEDNESDAY	THURSDAY	FRIDAY	SATURDAY
		1	2
6	7	8	9
13	14	15	16
20	21	22	23
27	28	29	30

NOV
2021

SUNDAY	MONDAY	TUESDAY
	1	2
7	8	9
14	15	16
21	22	23
28	29	30

TO DO LIST:

○ _____
○ _____
○ _____
○ _____
○ _____
○ _____
○ _____
○ _____
○ _____
○ _____
○ _____
○ _____
○ _____
○ _____
○ _____
○ _____
○ _____
○ _____
○ _____
○ _____
○ _____

DECEMBER 2021

SUN	MON	TUE	WED	THU	FRI	SAT
			1	2	3	4
5	6	7	8	9	10	11
12	13	14	15	16	17	18
19	20	21	22	23	24	25
26	27	28	29	30	31	

8	9	10	11	12	13	14	15	16	17	18	19	20	21	22	23	24	25	26	27	28	29	30

WEDNESDAY	THURSDAY	FRIDAY	SATURDAY
3	4	5	6
10	11	12	13
17	18	19	20
24	25	26	27

DEC
2021

DAYS		1	2	3	4	5	6	7
PLANS								

SUNDAY	MONDAY	TUESDAY

TO DO LIST:

○ _____
○ _____
○ _____
○ _____
○ _____
○ _____
○ _____
○ _____
○ _____
○ _____
○ _____
○ _____
○ _____
○ _____
○ _____
○ _____
○ _____
○ _____
○ _____
○ _____
○ _____
○ _____

SUNDAY	MONDAY	TUESDAY
5	6	7
12	13	14
19	20	21
26	27	28

JANUARY 2022

SUN	MON	TUE	WED	THU	FRI	SAT
						1
2	3	4	5	6	7	8
9	10	11	12	13	14	15
16	17	18	19	20	21	22
23	24	25	26	27	28	29
30	31					

| 8 | 9 | 10 | 11 | 12 | 13 | 14 | 15 | 16 | 17 | 18 | 19 | 20 | 21 | 22 | 23 | 24 | 25 | 26 | 27 | 28 | 29 | 30 | 31 |

WEDNESDAY	THURSDAY	FRIDAY	SATURDAY
1	2	3	4
8	9	10	11
15	16	17	18
22	23	24	25
29	30	31	

Spend Less Time

Thinking about it

And more time

Getting it done

2022

January

Su	Mo	Tu	We	Th	Fr	Sa
						1
2	3	4	5	6	7	8
9	10	11	12	13	14	15
16	17	18	19	20	21	22
23	24	25	26	27	28	29
30	31					

February

Su	Mo	Tu	We	Th	Fr	Sa
		1	2	3	4	5
6	7	8	9	10	11	12
13	14	15	16	17	18	19
20	21	22	23	24	25	26
27	28					

March

Su	Mo	Tu	We	Th	Fr	Sa
		1	2	3	4	5
6	7	8	9	10	11	12
13	14	15	16	17	18	19
20	21	22	23	24	25	26
27	28	29	30	31		

April

Su	Mo	Tu	We	Th	Fr	Sa
					1	2
3	4	5	6	7	8	9
10	11	12	13	14	15	16
17	18	19	20	21	22	23
24	25	26	27	28	29	30

May

Su	Mo	Tu	We	Th	Fr	Sa
1	2	3	4	5	6	7
8	9	10	11	12	13	14
15	16	17	18	19	20	21
22	23	24	25	26	27	28
29	30	31				

June

Su	Mo	Tu	We	Th	Fr	Sa
			1	2	3	4
5	6	7	8	9	10	11
12	13	14	15	16	17	18
19	20	21	22	23	24	25
26	27	28	29	30		

July

Su	Mo	Tu	We	Th	Fr	Sa
					1	2
3	4	5	6	7	8	9
10	11	12	13	14	15	16
17	18	19	20	21	22	23
24	25	26	27	28	29	30
31						

August

Su	Mo	Tu	We	Th	Fr	Sa
	1	2	3	4	5	6
7	8	9	10	11	12	13
14	15	16	17	18	19	20
21	22	23	24	25	26	27
28	29	30	31			

September

Su	Mo	Tu	We	Th	Fr	Sa
				1	2	3
4	5	6	7	8	9	10
11	12	13	14	15	16	17
18	19	20	21	22	23	24
25	26	27	28	29	30	

October

Su	Mo	Tu	We	Th	Fr	Sa
						1
2	3	4	5	6	7	8
9	10	11	12	13	14	15
16	17	18	19	20	21	22
23	24	25	26	27	28	29
30	31					

November

Su	Mo	Tu	We	Th	Fr	Sa
		1	2	3	4	5
6	7	8	9	10	11	12
13	14	15	16	17	18	19
20	21	22	23	24	25	26
27	28	29	30			

December

Su	Mo	Tu	We	Th	Fr	Sa
				1	2	3
4	5	6	7	8	9	10
11	12	13	14	15	16	17
18	19	20	21	22	23	24
25	26	27	28	29	30	31

CONTACT LIST

First Name	Last Name	Phone	Email	Cell

PASSWORD LIST

Website	My User Name	My Email	Password	Notes

JAN
2022

DAYS			1	2	3	4	5	6	7
PLANS									

SUNDAY	MONDAY	TUESDAY
2	3	4
9	10	11
16	17	18
23	24	25
30	31	

TO DO LIST:

- ○ _____
- ○ _____
- ○ _____
- ○ _____
- ○ _____
- ○ _____
- ○ _____
- ○ _____
- ○ _____
- ○ _____
- ○ _____
- ○ _____
- ○ _____
- ○ _____
- ○ _____
- ○ _____
- ○ _____
- ○ _____
- ○ _____
- ○ _____

FEBRUARY 2022

SUN	MON	TUE	WED	THU	FRI	SAT
		1	2	3	4	5
6	7	8	9	10	11	12
13	14	15	16	17	18	19
20	21	22	23	24	25	26
27	28					

8	9	10	11	12	13	14	15	16	17	18	19	20	21	22	23	24	25	26	27	28	29	30	31

WEDNESDAY	THURSDAY	FRIDAY	SATURDAY
			1
5	6	7	8
12	13	14	15
19	20	21	22
26	27	28	29

FEB 2022

DAYS			1	2	3	4	5	6	7
PLANS									

SUNDAY	MONDAY	TUESDAY
		1
6	7	8
13	14	15
20	21	22
27	28	

TO DO LIST:

- ○ _____
- ○ _____
- ○ _____
- ○ _____
- ○ _____
- ○ _____
- ○ _____
- ○ _____
- ○ _____
- ○ _____
- ○ _____
- ○ _____
- ○ _____
- ○ _____
- ○ _____
- ○ _____
- ○ _____
- ○ _____
- ○ _____
- ○ _____
- ○ _____

MARCH 2022

SUN	MON	TUE	WED	THU	FRI	SAT
		1	2	3	4	5
6	7	8	9	10	11	12
13	14	15	16	17	18	19
20	21	22	23	24	25	26
27	28	29	30	31		

8	9	10	11	12	13	14	15	16	17	18	19	20	21	22	23	24	25	26	27	28

WEDNESDAY	THURSDAY	FRIDAY	SATURDAY
2	3	4	5
9	10	11	12
16	17	18	19
23	24	25	26

MAR
2022

DAYS			1	2	3	4	5	6	7
PLANS									

SUNDAY	MONDAY	TUESDAY

TO DO LIST:

- ○ _____
- ○ _____
- ○ _____
- ○ _____
- ○ _____
- ○ _____
- ○ _____
- ○ _____
- ○ _____
- ○ _____
- ○ _____
- ○ _____
- ○ _____
- ○ _____
- ○ _____
- ○ _____
- ○ _____
- ○ _____
- ○ _____
- ○ _____
- ○ _____
- ○ _____

SUNDAY	MONDAY	TUESDAY
		1
6	7	8
13	14	15
20	21	22
27	28	29

APRIL 2022

SUN	MON	TUE	WED	THU	FRI	SAT
					1	2
3	4	5	6	7	8	9
10	11	12	13	14	15	16
17	18	19	20	21	22	23
24	25	26	27	28	29	30

8	9	10	11	12	13	14	15	16	17	18	19	20	21	22	23	24	25	26	27	28	29	30	31

WEDNESDAY	THURSDAY	FRIDAY	SATURDAY
2	3	4	5
9	10	11	12
16	17	18	19
23	24	25	26
30	31		

APR
2022

DAYS			1	2	3	4	5	6	7
PLANS									

SUNDAY	MONDAY	TUESDAY
3	4	5
10	11	12
17	18	19
24	25	26

TO DO LIST:

- ○ _____
- ○ _____
- ○ _____
- ○ _____
- ○ _____
- ○ _____
- ○ _____
- ○ _____
- ○ _____
- ○ _____
- ○ _____
- ○ _____
- ○ _____
- ○ _____
- ○ _____
- ○ _____
- ○ _____
- ○ _____
- ○ _____
- ○ _____
- ○ _____

MAY 2022

SUN	MON	TUE	WED	THU	FRI	SAT
1	2	3	4	5	6	7
8	9	10	11	12	13	14
15	16	17	18	19	20	21
22	23	24	25	26	27	28
29	30	31				

8	9	10	11	12	13	14	15	16	17	18	19	20	21	22	23	24	25	26	27	28	29	30

WEDNESDAY	THURSDAY	FRIDAY	SATURDAY
		1	2
6	7	8	9
13	14	15	16
20	21	22	23
27	28	29	30

MAY
2022

DAYS			1	2	3	4	5	6	7
PLANS									

SUNDAY	MONDAY	TUESDAY
1	2	3
8	9	10
15	16	17
22	23	24
29	30	31

TO DO LIST:

- ○ _____
- ○ _____
- ○ _____
- ○ _____
- ○ _____
- ○ _____
- ○ _____
- ○ _____
- ○ _____
- ○ _____
- ○ _____
- ○ _____
- ○ _____
- ○ _____
- ○ _____
- ○ _____
- ○ _____
- ○ _____
- ○ _____
- ○ _____
- ○ _____
- ○ _____

JUNE 2022

SUN	MON	TUE	WED	THU	FRI	SAT
			1	2	3	4
5	6	7	8	9	10	11
12	13	14	15	16	17	18
19	20	21	22	23	24	25
26	27	28	29	30		

8	9	10	11	12	13	14	15	16	17	18	19	20	21	22	23	24	25	26	27	28	29	30	31

WEDNESDAY	THURSDAY	FRIDAY	SATURDAY
4	5	6	7
11	12	13	14
18	19	20	21
25	26	27	28

JUN
2022

DAYS			1	2	3	4	5	6	7
PLANS									

SUNDAY	MONDAY	TUESDAY
5	**6**	**7**
12	**13**	**14**
19	**20**	**21**
26	**27**	**28**

TO DO LIST:

- ○ _____
- ○ _____
- ○ _____
- ○ _____
- ○ _____
- ○ _____
- ○ _____
- ○ _____
- ○ _____
- ○ _____
- ○ _____
- ○ _____
- ○ _____
- ○ _____
- ○ _____
- ○ _____
- ○ _____
- ○ _____
- ○ _____
- ○ _____
- ○ _____
- ○ _____
- ○ _____

JULY 2022

SUN	MON	TUE	WED	THU	FRI	SAT
					1	2
3	4	5	6	7	8	9
10	11	12	13	14	15	16
17	18	19	20	21	22	23
24	25	26	27	28	29	30
31						

8	9	10	11	12	13	14	15	16	17	18	19	20	21	22	23	24	25	26	27	28	29	30

WEDNESDAY	THURSDAY	FRIDAY	SATURDAY
1	2	3	4
8	9	10	11
15	16	17	18
22	23	24	25
29	30		

JUL 2022

DAYS			1	2	3	4	5	6	7
PLANS			☐	☐	☐	☐	☐	☐	☐
			☐	☐	☐	☐	☐	☐	☐
			☐	☐	☐	☐	☐	☐	☐

SUNDAY	MONDAY	TUESDAY
3	4	5
10	11	12
17	18	19
24	25	26
31		

TO DO LIST:

○ _____
○ _____
○ _____
○ _____
○ _____
○ _____
○ _____
○ _____
○ _____
○ _____
○ _____
○ _____
○ _____
○ _____
○ _____
○ _____
○ _____
○ _____
○ _____
○ _____
○ _____

AUGUST 2022

SUN	MON	TUE	WED	THU	FRI	SAT
	1	2	3	4	5	6
7	8	9	10	11	12	13
14	15	16	17	18	19	20
21	22	23	24	25	26	27
28	29	30	31			

8	9	10	11	12	13	14	15	16	17	18	19	20	21	22	23	24	25	26	27	28	29	30	31

WEDNESDAY	THURSDAY	FRIDAY	SATURDAY
		1	2
6	7	8	9
13	14	15	16
20	21	22	23
27	28	29	30

AUG
2022

DAYS			1	2	3	4	5	6	7
PLANS									

SUNDAY	MONDAY	TUESDAY
	1	2
7	8	9
14	15	16
21	22	23
28	29	30

TO DO LIST:

- ◯ _____
- ◯ _____
- ◯ _____
- ◯ _____
- ◯ _____
- ◯ _____
- ◯ _____
- ◯ _____
- ◯ _____
- ◯ _____
- ◯ _____
- ◯ _____
- ◯ _____
- ◯ _____
- ◯ _____
- ◯ _____
- ◯ _____
- ◯ _____
- ◯ _____
- ◯ _____
- ◯ _____

SEPTEMBER 2022

SUN	MON	TUE	WED	THU	FRI	SAT
				1	2	3
4	5	6	7	8	9	10
11	12	13	14	15	16	17
18	19	20	21	22	23	24
25	26	27	28	29	30	

8	9	10	11	12	13	14	15	16	17	18	19	20	21	22	23	24	25	26	27	28	29	30	31

WEDNESDAY	THURSDAY	FRIDAY	SATURDAY
3	4	5	6
10	11	12	13
17	18	19	20
24	25	26	27
31			

SEP
2022

DAYS		1	2	3	4	5	6	7
PLANS								

SUNDAY	MONDAY	TUESDAY

TO DO LIST:

- ○ _____
- ○ _____
- ○ _____
- ○ _____
- ○ _____
- ○ _____
- ○ _____
- ○ _____
- ○ _____
- ○ _____
- ○ _____
- ○ _____
- ○ _____
- ○ _____
- ○ _____
- ○ _____
- ○ _____
- ○ _____
- ○ _____
- ○ _____
- ○ _____

4	5	6
11	12	13
18	19	20
25	26	27

OCTOBER 2022

SUN	MON	TUE	WED	THU	FRI	SAT
						1
2	3	4	5	6	7	8
9	10	11	12	13	14	15
16	17	18	19	20	21	22
23	24	25	26	27	28	29
30						

8	9	10	11	12	13	14	15	16	17	18	19	20	21	22	23	24	25	26	27	28	29	30

WEDNESDAY	THURSDAY	FRIDAY	SATURDAY
	1	2	3
7	8	9	10
14	15	16	17
21	22	23	24
28	29	30	

OCT
2022

DAYS			1	2	3	4	5	6	7
PLANS									

SUNDAY	MONDAY	TUESDAY
2	**3**	**4**
9	**10**	**11**
16	**17**	**18**
23	**24**	**25**
30		

TO DO LIST:

- ○ _____
- ○ _____
- ○ _____
- ○ _____
- ○ _____
- ○ _____
- ○ _____
- ○ _____
- ○ _____
- ○ _____
- ○ _____
- ○ _____
- ○ _____
- ○ _____
- ○ _____
- ○ _____
- ○ _____
- ○ _____
- ○ _____
- ○ _____

NOVEMBER 2022

SUN	MON	TUE	WED	THU	FRI	SAT
		1	2	3	4	5
6	7	8	9	10	11	12
13	14	15	16	17	18	19
20	21	22	23	24	25	26
27	28	29	30			

8	9	10	11	12	13	14	15	16	17	18	19	20	21	22	23	24	25	26	27	28	29	30

WEDNESDAY	THURSDAY	FRIDAY	SATURDAY
			1
5	6	7	8
12	13	14	15
19	20	21	22
26	27	28	29

NOV
2022

SUNDAY	MONDAY	TUESDAY
		1
6	7	8
13	14	15
20	21	22
27	28	29

TO DO LIST:

- ○ _____
- ○ _____
- ○ _____
- ○ _____
- ○ _____
- ○ _____
- ○ _____
- ○ _____
- ○ _____
- ○ _____
- ○ _____
- ○ _____
- ○ _____
- ○ _____
- ○ _____
- ○ _____
- ○ _____
- ○ _____
- ○ _____
- ○ _____
- ○ _____

DECEMBER 2022

SUN	MON	TUE	WED	THU	FRI	SAT
				1	2	3
4	5	6	7	8	9	10
11	12	13	14	15	16	17
18	19	20	21	22	23	24
25	26	27	28	29	30	

8	9	10	11	12	13	14	15	16	17	18	19	20	21	22	23	24	25	26	27	28	29	30

WEDNESDAY	THURSDAY	FRIDAY	SATURDAY
2	3	4	5
9	10	11	12
16	17	18	19
23	24	25	26
30			

DEC
2022

DAYS			1	2	3	4	5	6	7
PLANS			☐	☐	☐	☐	☐	☐	☐
			☐	☐	☐	☐	☐	☐	☐
			☐	☐	☐	☐	☐	☐	☐

SUNDAY	MONDAY	TUESDAY

TO DO LIST:

- ○ _____
- ○ _____
- ○ _____
- ○ _____
- ○ _____
- ○ _____
- ○ _____
- ○ _____
- ○ _____
- ○ _____
- ○ _____
- ○ _____
- ○ _____
- ○ _____
- ○ _____
- ○ _____
- ○ _____
- ○ _____
- ○ _____
- ○ _____

SUNDAY	MONDAY	TUESDAY
4	5	6
11	12	13
18	19	20
25	26	27

JANUARY 2023

SUN	MON	TUE	WED	THU	FRI	SAT
1	2	3	4	5	6	7
8	9	10	11	12	13	14
15	16	17	18	19	20	21
22	23	24	25	26	27	28
29	30	31				

8	9	10	11	12	13	14	15	16	17	18	19	20	21	22	23	24	25	26	27	28	29	30

WEDNESDAY	THURSDAY	FRIDAY	SATURDAY
	1	2	3
7	8	9	10
14	15	16	17
21	22	23	24
28	29	30	

Progress

NOt

Perfection

2023

January

Su	Mo	Tu	We	Th	Fr	Sa
1	2	3	4	5	6	7
8	9	10	11	12	13	14
15	16	17	18	19	20	21
22	23	24	25	26	27	28
29	30	31				

February

Su	Mo	Tu	We	Th	Fr	Sa
			1	2	3	4
5	6	7	8	9	10	11
12	13	14	15	16	17	18
19	20	21	22	23	24	25
26	27	28				

March

Su	Mo	Tu	We	Th	Fr	Sa
			1	2	3	4
5	6	7	8	9	10	11
12	13	14	15	16	17	18
19	20	21	22	23	24	25
26	27	28	29	30	31	

April

Su	Mo	Tu	We	Th	Fr	Sa
						1
2	3	4	5	6	7	8
9	10	11	12	13	14	15
16	17	18	19	20	21	22
23	24	25	26	27	28	29
30						

May

Su	Mo	Tu	We	Th	Fr	Sa
	1	2	3	4	5	6
7	8	9	10	11	12	13
14	15	16	17	18	19	20
21	22	23	24	25	26	27
28	29	30	31			

June

Su	Mo	Tu	We	Th	Fr	Sa
				1	2	3
4	5	6	7	8	9	10
11	12	13	14	15	16	17
18	19	20	21	22	23	24
25	26	27	28	29	30	

July

Su	Mo	Tu	We	Th	Fr	Sa
						1
2	3	4	5	6	7	8
9	10	11	12	13	14	15
16	17	18	19	20	21	22
23	24	25	26	27	28	29
30	31					

August

Su	Mo	Tu	We	Th	Fr	Sa
		1	2	3	4	5
6	7	8	9	10	11	12
13	14	15	16	17	18	19
20	21	22	23	24	25	26
27	28	29	30	31		

September

Su	Mo	Tu	We	Th	Fr	Sa
					1	2
3	4	5	6	7	8	9
10	11	12	13	14	15	16
17	18	19	20	21	22	23
24	25	26	27	28	29	30

October

Su	Mo	Tu	We	Th	Fr	Sa
1	2	3	4	5	6	7
8	9	10	11	12	13	14
15	16	17	18	19	20	21
22	23	24	25	26	27	28
29	30	31				

November

Su	Mo	Tu	We	Th	Fr	Sa
			1	2	3	4
5	6	7	8	9	10	11
12	13	14	15	16	17	18
19	20	21	22	23	24	25
26	27	28	29	30		

December

Su	Mo	Tu	We	Th	Fr	Sa
					1	2
3	4	5	6	7	8	9
10	11	12	13	14	15	16
17	18	19	20	21	22	23
24	25	26	27	28	29	30
31						

CONTACT LIST

First Name	Last Name	Phone	Email	Cell

PASSWORD LIST

Website	My User Name	My Email	Password	Notes

JAN
2023

SUNDAY	MONDAY	TUESDAY
1	2	3
8	9	10
15	16	17
22	23	24
29	30	31

TO DO LIST:

○ _____
○ _____
○ _____
○ _____
○ _____
○ _____
○ _____
○ _____
○ _____
○ _____
○ _____
○ _____
○ _____
○ _____
○ _____
○ _____
○ _____
○ _____
○ _____
○ _____
○ _____
○ _____

FEBRUARY 2023

SUN	MON	TUE	WED	THU	FRI	SAT
			1	2	3	4
5	6	7	8	9	10	11
12	13	14	15	16	17	18
19	20	21	22	23	24	25
26	27	28				

8	9	10	11	12	13	14	15	16	17	18	19	20	21	22	23	24	25	26	27	28	29	30	31

WEDNESDAY	THURSDAY	FRIDAY	SATURDAY
4	5	6	7
11	12	13	14
18	19	20	21
25	26	27	28

FEB 2023

DAYS		1	2	3	4	5	6	7
PLANS								

SUNDAY	MONDAY	TUESDAY

TO DO LIST:

- ○ _____
- ○ _____
- ○ _____
- ○ _____
- ○ _____
- ○ _____
- ○ _____
- ○ _____
- ○ _____
- ○ _____
- ○ _____
- ○ _____
- ○ _____
- ○ _____
- ○ _____
- ○ _____
- ○ _____
- ○ _____
- ○ _____
- ○ _____
- ○ _____

5	6	7
12	13	14
19	20	21
26	27	28

MARCH 2023

SUN	MON	TUE	WED	THU	FRI	SAT
			1	2	3	4
5	6	7	8	9	10	11
12	13	14	15	16	17	18
19	20	21	22	23	24	25
26	27	28	29	30	31	

8	9	10	11	12	13	14	15	16	17	18	19	20	21	22	23	24	25	26	27	28

WEDNESDAY	THURSDAY	FRIDAY	SATURDAY
1	2	3	4
8	9	10	11
15	16	17	18
22	23	24	25

MAR
2023

SUNDAY	MONDAY	TUESDAY

TO DO LIST:

○ _____
○ _____
○ _____
○ _____
○ _____
○ _____
○ _____
○ _____
○ _____
○ _____
○ _____
○ _____
○ _____
○ _____
○ _____
○ _____
○ _____
○ _____
○ _____
○ _____

5	6	7
12	13	14
19	20	21
26	27	28

APRIL 2023

SUN	MON	TUE	WED	THU	FRI	SAT
						1
2	3	4	5	6	7	8
9	10	11	12	13	14	15
16	17	18	19	20	21	22
23	24	25	26	27	28	29
30						

8	9	10	11	12	13	14	15	16	17	18	19	20	21	22	23	24	25	26	27	28	29	30	31

WEDNESDAY	THURSDAY	FRIDAY	SATURDAY
1	2	3	4
8	9	10	11
15	16	17	18
22	23	24	25
29	30	31	

APR
2023

DAYS			1	2	3	4	5	6	7
PLANS									

SUNDAY	MONDAY	TUESDAY

TO DO LIST:

- ○ _____
- ○ _____
- ○ _____
- ○ _____
- ○ _____
- ○ _____
- ○ _____
- ○ _____
- ○ _____
- ○ _____
- ○ _____
- ○ _____
- ○ _____
- ○ _____
- ○ _____
- ○ _____
- ○ _____
- ○ _____
- ○ _____
- ○ _____

SUNDAY	MONDAY	TUESDAY
2	3	4
9	10	11
16	17	18
23	24	25
30		

MAY 2023

SUN	MON	TUE	WED	THU	FRI	SAT
	1	2	3	4	5	6
7	8	9	10	11	12	13
14	15	16	17	18	19	20
21	22	23	24	25	26	27
28	29	30	31			

8	9	10	11	12	13	14	15	16	17	18	19	20	21	22	23	24	25	26	27	28	29	30

WEDNESDAY	THURSDAY	FRIDAY	SATURDAY
			1
5	6	7	8
12	13	14	15
19	20	21	22
26	27	28	29

MAY
2023

DAYS			1	2	3	4	5	6	7
PLANS			☐	☐	☐	☐	☐	☐	☐
			☐	☐	☐	☐	☐	☐	☐
			☐	☐	☐	☐	☐	☐	☐

SUNDAY	MONDAY	TUESDAY
	1	2
7	8	9
14	15	16
21	22	23
28	29	30

TO DO LIST:

○ _____
○ _____
○ _____
○ _____
○ _____
○ _____
○ _____
○ _____
○ _____
○ _____
○ _____
○ _____
○ _____
○ _____
○ _____
○ _____
○ _____
○ _____
○ _____
○ _____
○ _____
○ _____

JUNE 2023

SUN	MON	TUE	WED	THU	FRI	SAT
				1	2	3
4	5	6	7	8	9	10
11	12	13	14	15	16	17
18	19	20	21	22	23	24
25	26	27	28	29	30	

8	9	10	11	12	13	14	15	16	17	18	19	20	21	22	23	24	25	26	27	28	29	30	31

WEDNESDAY	THURSDAY	FRIDAY	SATURDAY
3	4	5	6
10	11	12	13
17	18	19	20
24	25	26	27
31			

JUN 2023

DAYS			1	2	3	4	5	6	7
PLANS									

SUNDAY	MONDAY	TUESDAY
4	5	6
11	12	13
18	19	20
25	26	27

TO DO LIST:

- ◯ _____
- ◯ _____
- ◯ _____
- ◯ _____
- ◯ _____
- ◯ _____
- ◯ _____
- ◯ _____
- ◯ _____
- ◯ _____
- ◯ _____
- ◯ _____
- ◯ _____
- ◯ _____
- ◯ _____
- ◯ _____
- ◯ _____
- ◯ _____
- ◯ _____
- ◯ _____
- ◯ _____
- ◯ _____

JULY 2023

SUN	MON	TUE	WED	THU	FRI	SAT
						1
2	3	4	5	6	7	8
9	10	11	12	13	14	15
16	17	18	19	20	21	22
23	24	25	26	27	28	29
30	31					

8	9	10	11	12	13	14	15	16	17	18	19	20	21	22	23	24	25	26	27	28	29	30

WEDNESDAY	THURSDAY	FRIDAY	SATURDAY
	1	2	3
7	8	9	10
14	15	16	17
21	22	23	24
28	29	30	

JUL
2023

DAYS			1	2	3	4	5	6	7
PLANS			☐	☐	☐	☐	☐	☐	☐
			☐	☐	☐	☐	☐	☐	☐
			☐	☐	☐	☐	☐	☐	☐

SUNDAY	MONDAY	TUESDAY
2	3	4
9	10	11
16	17	18
23	24	25
30	31	

TO DO LIST:

○ _____
○ _____
○ _____
○ _____
○ _____
○ _____
○ _____
○ _____
○ _____
○ _____
○ _____
○ _____
○ _____
○ _____
○ _____
○ _____
○ _____
○ _____
○ _____
○ _____
○ _____

AUGUST 2023

SUN	MON	TUE	WED	THU	FRI	SAT
		1	2	3	4	5
6	7	8	9	10	11	12
13	14	15	16	17	18	19
20	21	22	23	24	25	26
27	28	29	30	31		

8	9	10	11	12	13	14	15	16	17	18	19	20	21	22	23	24	25	26	27	28	29	30	31

WEDNESDAY	THURSDAY	FRIDAY	SATURDAY
			1
5	6	7	8
12	13	14	15
19	20	21	22
26	27	28	29

AUG
2023

DAYS			1	2	3	4	5	6	7
PLANS			☐	☐	☐	☐	☐	☐	☐
			☐	☐	☐	☐	☐	☐	☐
			☐	☐	☐	☐	☐	☐	☐

SUNDAY	MONDAY	TUESDAY
		1
6	7	8
13	14	15
20	21	22
27	28	29

TO DO LIST:

- ◯ _____
- ◯ _____
- ◯ _____
- ◯ _____
- ◯ _____
- ◯ _____
- ◯ _____
- ◯ _____
- ◯ _____
- ◯ _____
- ◯ _____
- ◯ _____
- ◯ _____
- ◯ _____
- ◯ _____
- ◯ _____
- ◯ _____
- ◯ _____
- ◯ _____
- ◯ _____
- ◯ _____
- ◯ _____

SEPTEMBER 2023

SUN	MON	TUE	WED	THU	FRI	SAT
					1	2
3	4	5	6	7	8	9
10	11	12	13	14	15	16
17	18	19	20	21	22	23
24	25	26	27	28	29	30

8	9	10	11	12	13	14	15	16	17	18	19	20	21	22	23	24	25	26	27	28	29	30	31

WEDNESDAY	THURSDAY	FRIDAY	SATURDAY
2	3	4	5
9	10	11	12
16	17	18	19
23	24	25	26
30	31		

SEP 2023

DAYS			1	2	3	4	5	6	7
PLANS									

SUNDAY	MONDAY	TUESDAY

TO DO LIST:

- ◯ _____
- ◯ _____
- ◯ _____
- ◯ _____
- ◯ _____
- ◯ _____
- ◯ _____
- ◯ _____
- ◯ _____
- ◯ _____
- ◯ _____
- ◯ _____
- ◯ _____
- ◯ _____
- ◯ _____
- ◯ _____
- ◯ _____
- ◯ _____
- ◯ _____
- ◯ _____
- ◯ _____
- ◯ _____

SUNDAY	MONDAY	TUESDAY
3	4	5
10	11	12
17	18	19
24	25	26

OCTOBER 2023

SUN	MON	TUE	WED	THU	FRI	SAT
1	2	3	4	5	6	7
8	9	10	11	12	13	14
15	16	17	18	19	20	21
22	23	24	25	26	27	28
29	30	31				

	8	9	10	11	12	13	14	15	16	17	18	19	20	21	22	23	24	25	26	27	28	29	30

WEDNESDAY	THURSDAY	FRIDAY	SATURDAY
		1	2
6	7	8	9
13	14	15	16
20	21	22	23
27	28	29	30

OCT 2023

DAYS		1	2	3	4	5	6	7
PLANS								

SUNDAY	MONDAY	TUESDAY
1	2	3
8	9	10
15	16	17
22	23	24
29	30	31

TO DO LIST:

- ○ _____
- ○ _____
- ○ _____
- ○ _____
- ○ _____
- ○ _____
- ○ _____
- ○ _____
- ○ _____
- ○ _____
- ○ _____
- ○ _____
- ○ _____
- ○ _____
- ○ _____
- ○ _____
- ○ _____
- ○ _____
- ○ _____
- ○ _____
- ○ _____

NOVEMBER 2023

SUN	MON	TUE	WED	THU	FRI	SAT
			1	2	3	4
5	6	7	8	9	10	11
12	13	14	15	16	17	18
19	20	21	22	23	24	25
26	27	28	29	30		

8	9	10	11	12	13	14	15	16	17	18	19	20	21	22	23	24	25	26	27	28	29	30	31

WEDNESDAY	THURSDAY	FRIDAY	SATURDAY
4	5	6	7
11	12	13	14
18	19	20	21
25	26	27	28

NOV
2023

DAYS			1	2	3	4	5	6	7
PLANS			☐	☐	☐	☐	☐	☐	☐
			☐	☐	☐	☐	☐	☐	☐
			☐	☐	☐	☐	☐	☐	☐

SUNDAY	MONDAY	TUESDAY
5	6	7
12	13	14
19	20	21
26	27	28

TO DO LIST:

○ _____
○ _____
○ _____
○ _____
○ _____
○ _____
○ _____
○ _____
○ _____
○ _____
○ _____
○ _____
○ _____
○ _____
○ _____
○ _____
○ _____
○ _____
○ _____
○ _____
○ _____

DECEMBER 2023

SUN	MON	TUE	WED	THU	FRI	SAT
					1	2
3	4	5	6	7	8	9
10	11	12	13	14	15	16
17	18	19	20	21	22	23
24	25	26	27	28	29	30
31						

8	9	10	11	12	13	14	15	16	17	18	19	20	21	22	23	24	25	26	27	28	29	30

WEDNESDAY	THURSDAY	FRIDAY	SATURDAY
1	2	3	4
8	9	10	11
15	16	17	18
22	23	24	25
29	30		

DEC
2023

DAYS

	1	2	3	4	5	6	7
PLANS							

SUNDAY	MONDAY	TUESDAY

TO DO LIST:

- ○ _____
- ○ _____
- ○ _____
- ○ _____
- ○ _____
- ○ _____
- ○ _____
- ○ _____
- ○ _____
- ○ _____
- ○ _____
- ○ _____
- ○ _____
- ○ _____
- ○ _____
- ○ _____
- ○ _____
- ○ _____
- ○ _____
- ○ _____
- ○ _____
- ○ _____

SUNDAY	MONDAY	TUESDAY
3	4	5
10	11	12
17	18	19
24	25	26
31		

JANUARY 2024

SUN	MON	TUE	WED	THU	FRI	SAT
	1	2	3	4	5	6
7	8	9	10	11	12	13
14	15	16	17	18	19	20
21	22	23	24	25	26	27
28	29	30	31			

8	9	10	11	12	13	14	15	16	17	18	19	20	21	22	23	24	25	26	27	28	29	30	31

WEDNESDAY	THURSDAY	FRIDAY	SATURDAY
		1	2
6	7	8	9
13	14	15	16
20	21	22	23
27	28	29	30

Time
you enjoy wasting
Is not
wasting time

2024

January

Su	Mo	Tu	We	Th	Fr	Sa
	1	2	3	4	5	6
7	8	9	10	11	12	13
14	15	16	17	18	19	20
21	22	23	24	25	26	27
28	29	30	31			

February

Su	Mo	Tu	We	Th	Fr	Sa
				1	2	3
4	5	6	7	8	9	10
11	12	13	14	15	16	17
18	19	20	21	22	23	24
25	26	27	28	29		

March

Su	Mo	Tu	We	Th	Fr	Sa
					1	2
3	4	5	6	7	8	9
10	11	12	13	14	15	16
17	18	19	20	21	22	23
24	25	26	27	28	29	30
31						

April

Su	Mo	Tu	We	Th	Fr	Sa
	1	2	3	4	5	6
7	8	9	10	11	12	13
14	15	16	17	18	19	20
21	22	23	24	25	26	27
28	29	30				

May

Su	Mo	Tu	We	Th	Fr	Sa
			1	2	3	4
5	6	7	8	9	10	11
12	13	14	15	16	17	18
19	20	21	22	23	24	25
26	27	28	29	30	31	

June

Su	Mo	Tu	We	Th	Fr	Sa
						1
2	3	4	5	6	7	8
9	10	11	12	13	14	15
16	17	18	19	20	21	22
23	24	25	26	27	28	29
30						

July

Su	Mo	Tu	We	Th	Fr	Sa
	1	2	3	4	5	6
7	8	9	10	11	12	13
14	15	16	17	18	19	20
21	22	23	24	25	26	27
28	29	30	31			

August

Su	Mo	Tu	We	Th	Fr	Sa
				1	2	3
4	5	6	7	8	9	10
11	12	13	14	15	16	17
18	19	20	21	22	23	24
25	26	27	28	29	30	31

September

Su	Mo	Tu	We	Th	Fr	Sa
1	2	3	4	5	6	7
8	9	10	11	12	13	14
15	16	17	18	19	20	21
22	23	24	25	26	27	28
29	30					

October

Su	Mo	Tu	We	Th	Fr	Sa
	1	2	3	4	5	
6	7	8	9	10	11	12
13	14	15	16	17	18	19
20	21	22	23	24	25	26
27	28	29	30	31		

November

Su	Mo	Tu	We	Th	Fr	Sa
					1	2
3	4	5	6	7	8	9
10	11	12	13	14	15	16
17	18	19	20	21	22	23
24	25	26	27	28	29	30

December

Su	Mo	Tu	We	Th	Fr	Sa
1	2	3	4	5	6	7
8	9	10	11	12	13	14
15	16	17	18	19	20	21
22	23	24	25	26	27	28
29	30	31				

CONTACT LIST

First Name	Last Name	Phone	Email	Cell

PASSWORD LIST

Website	My User Name	My Email	Password	Notes

JAN
2024

DAYS		1	2	3	4	5	6	7
PLANS								

SUNDAY	MONDAY	TUESDAY
	1	2
7	8	9
14	15	16
21	22	23
28	29	30

TO DO LIST:

- ○ _____
- ○ _____
- ○ _____
- ○ _____
- ○ _____
- ○ _____
- ○ _____
- ○ _____
- ○ _____
- ○ _____
- ○ _____
- ○ _____
- ○ _____
- ○ _____
- ○ _____
- ○ _____
- ○ _____
- ○ _____
- ○ _____
- ○ _____
- ○ _____
- ○ _____

FEBRUARY 2024

SUN	MON	TUE	WED	THU	FRI	SAT
				1	2	3
4	5	6	7	8	9	10
11	12	13	14	15	16	17
18	19	20	21	22	23	24
25	26	27	28	29		

8	9	10	11	12	13	14	15	16	17	18	19	20	21	22	23	24	25	26	27	28	29	30	31

WEDNESDAY	THURSDAY	FRIDAY	SATURDAY
3	4	5	6
10	11	12	13
17	18	19	20
24	25	26	27
31			

FEB
2024

DAYS			1	2	3	4	5	6	7
PLANS			☐	☐	☐	☐	☐	☐	☐
			☐	☐	☐	☐	☐	☐	☐
			☐	☐	☐	☐	☐	☐	☐

SUNDAY	MONDAY	TUESDAY
4	5	6
11	12	13
18	19	20
25	26	27

TO DO LIST:

- ○ _____
- ○ _____
- ○ _____
- ○ _____
- ○ _____
- ○ _____
- ○ _____
- ○ _____
- ○ _____
- ○ _____
- ○ _____
- ○ _____
- ○ _____
- ○ _____
- ○ _____
- ○ _____
- ○ _____
- ○ _____
- ○ _____
- ○ _____

MARCH 2024

SUN	MON	TUE	WED	THU	FRI	SAT
					1	2
3	4	5	6	7	8	9
10	11	12	13	14	15	16
17	18	19	20	21	22	23
24	25	26	27	28	29	30
31						

				8	9	10	11	12	13	14	15	16	17	18	19	20	21	22	23	24	25	26	27	28	29

WEDNESDAY	THURSDAY	FRIDAY	SATURDAY
	1	2	3
7	8	9	10
14	15	16	17
21	22	23	24
28	29		

MAR 2024

DAYS			1	2	3	4	5	6	7
PLANS									

SUNDAY	MONDAY	TUESDAY
3	4	5
10	11	12
17	18	19
24	25	26
31		

TO DO LIST:

- ○ _____
- ○ _____
- ○ _____
- ○ _____
- ○ _____
- ○ _____
- ○ _____
- ○ _____
- ○ _____
- ○ _____
- ○ _____
- ○ _____
- ○ _____
- ○ _____
- ○ _____
- ○ _____
- ○ _____
- ○ _____
- ○ _____
- ○ _____
- ○ _____

APRIL 2024

SUN	MON	TUE	WED	THU	FRI	SAT
	1	2	3	4	5	6
7	8	9	10	11	12	13
14	15	16	17	18	19	20
21	22	23	24	25	26	27
28	29	30				

8	9	10	11	12	13	14	15	16	17	18	19	20	21	22	23	24	25	26	27	28	29	30	31

WEDNESDAY	THURSDAY	FRIDAY	SATURDAY
		1	2
6	7	8	9
13	14	15	16
20	21	22	23
27	28	29	30

APR
2024

DAYS		1	2	3	4	5	6	7
PLANS		☐	☐	☐	☐	☐	☐	☐
		☐	☐	☐	☐	☐	☐	☐
		☐	☐	☐	☐	☐	☐	☐

SUNDAY	MONDAY	TUESDAY
	1	2
7	8	9
14	15	16
21	22	23
28	29	30

TO DO LIST:

- ○ _____
- ○ _____
- ○ _____
- ○ _____
- ○ _____
- ○ _____
- ○ _____
- ○ _____
- ○ _____
- ○ _____
- ○ _____
- ○ _____
- ○ _____
- ○ _____
- ○ _____
- ○ _____
- ○ _____
- ○ _____
- ○ _____
- ○ _____
- ○ _____
- ○ _____

MAY 2024

SUN	MON	TUE	WED	THU	FRI	SAT
			1	2	3	4
5	6	7	8	9	10	11
12	13	14	15	16	17	18
19	20	21	22	23	24	25
26	27	28	29	30	31	

8	9	10	11	12	13	14	15	16	17	18	19	20	21	22	23	24	25	26	27	28	29	30

WEDNESDAY	THURSDAY	FRIDAY	SATURDAY
3	4	5	6
10	11	12	13
17	18	19	20
24	25	26	27

MAY 2024

SUNDAY	MONDAY	TUESDAY
5	6	7
12	13	14
19	20	21
26	27	28

TO DO LIST:

○ _____
○ _____
○ _____
○ _____
○ _____
○ _____
○ _____
○ _____
○ _____
○ _____
○ _____
○ _____
○ _____
○ _____
○ _____
○ _____
○ _____
○ _____
○ _____
○ _____
○ _____
○ _____

JUNE 2024

SUN	MON	TUE	WED	THU	FRI	SAT
						1
2	3	4	5	6	7	8
9	10	11	12	13	14	15
16	17	18	19	20	21	22
23	24	25	26	27	28	29
30						

8	9	10	11	12	13	14	15	16	17	18	19	20	21	22	23	24	25	26	27	28	29	30	31

WEDNESDAY	THURSDAY	FRIDAY	SATURDAY
1	2	3	4
8	9	10	11
15	16	17	18
22	23	24	25
29	30	31	

JUN
2024

SUNDAY	MONDAY	TUESDAY

TO DO LIST:

- ⭘ _____
- ⭘ _____
- ⭘ _____
- ⭘ _____
- ⭘ _____
- ⭘ _____
- ⭘ _____
- ⭘ _____
- ⭘ _____
- ⭘ _____
- ⭘ _____
- ⭘ _____
- ⭘ _____
- ⭘ _____
- ⭘ _____
- ⭘ _____
- ⭘ _____
- ⭘ _____
- ⭘ _____
- ⭘ _____
- ⭘ _____

2	**3**
9	**10**
16	**17**
23	**24**
30	

4	
11	
18	
25	

JULY 2024

SUN	MON	TUE	WED	THU	FRI	SAT
	1	2	3	4	5	6
7	8	9	10	11	12	13
14	15	16	17	18	19	20
21	22	23	24	25	26	27
28	29	30	31			

	8	9	10	11	12	13	14	15	16	17	18	19	20	21	22	23	24	25	26	27	28	29	30

WEDNESDAY	THURSDAY	FRIDAY	SATURDAY
			1
5	6	7	8
12	13	14	15
19	20	21	22
26	27	28	29

JUL 2024

TO DO LIST:

- ○ _____
- ○ _____
- ○ _____
- ○ _____
- ○ _____
- ○ _____
- ○ _____
- ○ _____
- ○ _____
- ○ _____
- ○ _____
- ○ _____
- ○ _____
- ○ _____
- ○ _____
- ○ _____
- ○ _____
- ○ _____
- ○ _____
- ○ _____
- ○ _____
- ○ _____

SUNDAY	MONDAY	TUESDAY
	1	2
7	8	9
14	15	16
21	22	23
28	29	30

AUGUST 2024

SUN	MON	TUE	WED	THU	FRI	SAT
				1	2	3
4	5	6	7	8	9	10
11	12	13	14	15	16	17
18	19	20	21	22	23	24
25	26	27	28	29	30	31

8	9	10	11	12	13	14	15	16	17	18	19	20	21	22	23	24	25	26	27	28	29	30	31

WEDNESDAY	THURSDAY	FRIDAY	SATURDAY
3	4	5	6
10	11	12	13
17	18	19	20
24	25	26	27
31			

AUG 2024

DAYS		1	2	3	4	5	6	7
PLANS		☐	☐	☐	☐	☐	☐	☐
		☐	☐	☐	☐	☐	☐	☐
		☐	☐	☐	☐	☐	☐	☐

SUNDAY	MONDAY	TUESDAY
4	5	6
11	12	13
18	19	20
25	26	27

TO DO LIST:

- ◯ _____
- ◯ _____
- ◯ _____
- ◯ _____
- ◯ _____
- ◯ _____
- ◯ _____
- ◯ _____
- ◯ _____
- ◯ _____
- ◯ _____
- ◯ _____
- ◯ _____
- ◯ _____
- ◯ _____
- ◯ _____
- ◯ _____
- ◯ _____
- ◯ _____
- ◯ _____

SEPTEMBER 2024

SUN	MON	TUE	WED	THU	FRI	SAT
1	2	3	4	5	6	7
8	9	10	11	12	13	14
15	16	17	18	19	20	21
22	23	24	25	26	27	28
29	30					

8	9	10	11	12	13	14	15	16	17	18	19	20	21	22	23	24	25	26	27	28	29	30	31

WEDNESDAY	THURSDAY	FRIDAY	SATURDAY
	1	2	3
7	8	9	10
14	15	16	17
21	22	23	24
28	29	30	31

SEP
2024

SUNDAY	MONDAY	TUESDAY
1	2	3
8	9	10
15	16	17
22	23	24
29	30	

TO DO LIST:

- ◯ _____
- ◯ _____
- ◯ _____
- ◯ _____
- ◯ _____
- ◯ _____
- ◯ _____
- ◯ _____
- ◯ _____
- ◯ _____
- ◯ _____
- ◯ _____
- ◯ _____
- ◯ _____
- ◯ _____
- ◯ _____
- ◯ _____
- ◯ _____
- ◯ _____
- ◯ _____
- ◯ _____
- ◯ _____

OCTOBER 2024

SUN	MON	TUE	WED	THU	FRI	SAT
		1	2	3	4	5
6	7	8	9	10	11	12
13	14	15	16	17	18	19
20	21	22	23	24	25	26
27	28	29	30	31		

8	9	10	11	12	13	14	15	16	17	18	19	20	21	22	23	24	25	26	27	28	29	30

WEDNESDAY	THURSDAY	FRIDAY	SATURDAY
4	5	6	7
11	12	13	14
18	19	20	21
25	26	27	28

OCT 2024

DAYS		1	2	3	4	5	6	7
PLANS								

SUNDAY	MONDAY	TUESDAY

TO DO LIST:

- ○ _____
- ○ _____
- ○ _____
- ○ _____
- ○ _____
- ○ _____
- ○ _____
- ○ _____
- ○ _____
- ○ _____
- ○ _____
- ○ _____
- ○ _____
- ○ _____
- ○ _____
- ○ _____
- ○ _____
- ○ _____
- ○ _____
- ○ _____
- ○ _____

SUNDAY	MONDAY	TUESDAY
		1
6	7	8
13	14	15
20	21	22
27	28	29

NOVEMBER 2024

SUN	MON	TUE	WED	THU	FRI	SAT
					1	2
3	4	5	6	7	8	9
10	11	12	13	14	15	16
17	18	19	20	21	22	23
24	25	26	27	28	29	30

8	9	10	11	12	13	14	15	16	17	18	19	20	21	22	23	24	25	26	27	28	29	30	31

WEDNESDAY	THURSDAY	FRIDAY	SATURDAY
2	3	4	5
9	10	11	12
16	17	18	19
23	24	25	26
30	31		

NOV 2024

SUNDAY	MONDAY	TUESDAY
3	4	5
10	11	12
17	18	19
24	25	26

TO DO LIST:

○ _____
○ _____
○ _____
○ _____
○ _____
○ _____
○ _____
○ _____
○ _____
○ _____
○ _____
○ _____
○ _____
○ _____
○ _____
○ _____
○ _____
○ _____
○ _____
○ _____
○ _____
○ _____

DECEMBER 2024

SUN	MON	TUE	WED	THU	FRI	SAT
1	2	3	4	5	6	7
8	9	10	11	12	13	14
15	16	17	18	19	20	21
22	23	24	25	26	27	28
29	30	31				

8	9	10	11	12	13	14	15	16	17	18	19	20	21	22	23	24	25	26	27	28	29	30

WEDNESDAY	THURSDAY	FRIDAY	SATURDAY
		1	2
6	7	8	9
13	14	15	16
20	21	22	23
27	28	29	30

DEC
2024

SUNDAY	MONDAY	TUESDAY
1	2	3
8	9	10
15	16	17
22	23	24
29	30	31

TO DO LIST:

- ○ _____
- ○ _____
- ○ _____
- ○ _____
- ○ _____
- ○ _____
- ○ _____
- ○ _____
- ○ _____
- ○ _____
- ○ _____
- ○ _____
- ○ _____
- ○ _____
- ○ _____
- ○ _____
- ○ _____
- ○ _____
- ○ _____
- ○ _____
- ○ _____
- ○ _____

JANUARY 2025

SUN	MON	TUE	WED	THU	FRI	SAT
			1	2	3	4
5	6	7	8	9	10	11
12	13	14	15	16	17	18
19	20	21	22	23	24	25
26	27	28	29	30	31	

| 8 | 9 | 10 | 11 | 12 | 13 | 14 | 15 | 16 | 17 | 18 | 19 | 20 | 21 | 22 | 23 | 24 | 25 | 26 | 27 | 28 | 29 | 30 | 31 |

WEDNESDAY	THURSDAY	FRIDAY	SATURDAY
4	5	6	7
11	12	13	14
18	19	20	21
25	26	27	28

Time
Flies
Don't let it
pass you by

2025

January

Su	Mo	Tu	We	Th	Fr	Sa
			1	2	3	4
5	6	7	8	9	10	11
12	13	14	15	16	17	18
19	20	21	22	23	24	25
26	27	28	29	30	31	

February

Su	Mo	Tu	We	Th	Fr	Sa
						1
2	3	4	5	6	7	8
9	10	11	12	13	14	15
16	17	18	19	20	21	22
23	24	25	26	27	28	

March

Su	Mo	Tu	We	Th	Fr	Sa
						1
2	3	4	5	6	7	8
9	10	11	12	13	14	15
16	17	18	19	20	21	22
23	24	25	26	27	28	29
30	31					

April

Su	Mo	Tu	We	Th	Fr	Sa
		1	2	3	4	5
6	7	8	9	10	11	12
13	14	15	16	17	18	19
20	21	22	23	24	25	26
27	28	29	30			

May

Su	Mo	Tu	We	Th	Fr	Sa
				1	2	3
4	5	6	7	8	9	10
11	12	13	14	15	16	17
18	19	20	21	22	23	24
25	26	27	28	29	30	31

June

Su	Mo	Tu	We	Th	Fr	Sa
1	2	3	4	5	6	7
8	9	10	11	12	13	14
15	16	17	18	19	20	21
22	23	24	25	26	27	28
29	30					

July

Su	Mo	Tu	We	Th	Fr	Sa
		1	2	3	4	5
6	7	8	9	10	11	12
13	14	15	16	17	18	19
20	21	22	23	24	25	26
27	28	29	30	31		

August

Su	Mo	Tu	We	Th	Fr	Sa
					1	2
3	4	5	6	7	8	9
10	11	12	13	14	15	16
17	18	19	20	21	22	23
24	25	26	27	28	29	30
31						

September

Su	Mo	Tu	We	Th	Fr	Sa
	1	2	3	4	5	6
7	8	9	10	11	12	13
14	15	16	17	18	19	20
21	22	23	24	25	26	27
28	29	30				

October

Su	Mo	Tu	We	Th	Fr	Sa
			1	2	3	4
5	6	7	8	9	10	11
12	13	14	15	16	17	18
19	20	21	22	23	24	25
26	27	28	29	30	31	

November

Su	Mo	Tu	We	Th	Fr	Sa
						1
2	3	4	5	6	7	8
9	10	11	12	13	14	15
16	17	18	19	20	21	22
23	24	25	26	27	28	29
30						

December

Su	Mo	Tu	We	Th	Fr	Sa
	1	2	3	4	5	6
7	8	9	10	11	12	13
14	15	16	17	18	19	20
21	22	23	24	25	26	27
28	29	30	31			

CONTACT LIST

First Name	Last Name	Phone	Email	Cell

8	9	10	11	12	13	14	15	16	17	18	19	20	21	22	23	24	25	26	27	28	29	30	31

WEDNESDAY	THURSDAY	FRIDAY	SATURDAY
1	2	3	4
8	9	10	11
15	16	17	18
22	23	24	25
29	30	31	

FEB
2025

SUNDAY	MONDAY	TUESDAY

TO DO LIST:

- ◯ _____
- ◯ _____
- ◯ _____
- ◯ _____
- ◯ _____
- ◯ _____
- ◯ _____
- ◯ _____
- ◯ _____
- ◯ _____
- ◯ _____
- ◯ _____
- ◯ _____
- ◯ _____
- ◯ _____
- ◯ _____
- ◯ _____
- ◯ _____
- ◯ _____
- ◯ _____
- ◯ _____

2	3	4
9	10	11
16	17	18
23	24	25

MARCH 2025

SUN	MON	TUE	WED	THU	FRI	SAT
						1
2	3	4	5	6	7	8
9	10	11	12	13	14	15
16	17	18	19	20	21	22
23	24	25	26	27	28	29
30	31					

	8	9	10	11	12	13	14	15	16	17	18	19	20	21	22	23	24	25	26	27	28

WEDNESDAY	THURSDAY	FRIDAY	SATURDAY
			1
5	6	7	8
12	13	14	15
19	20	21	22
26	27	28	

MAR
2025

DAYS		1	2	3	4	5	6	7
PLANS		☐	☐	☐	☐	☐	☐	☐
		☐	☐	☐	☐	☐	☐	☐
		☐	☐	☐	☐	☐	☐	☐

SUNDAY	MONDAY	TUESDAY
2	**3**	**4**
9	**10**	**11**
16	**17**	**18**
23	**24**	**25**
30	**31**	

TO DO LIST:

○ _____
○ _____
○ _____
○ _____
○ _____
○ _____
○ _____
○ _____
○ _____
○ _____
○ _____
○ _____
○ _____
○ _____
○ _____
○ _____
○ _____
○ _____
○ _____
○ _____
○ _____
○ _____

APRIL 2025

SUN	MON	TUE	WED	THU	FRI	SAT
		1	2	3	4	5
6	7	8	9	10	11	12
13	14	15	16	17	18	19
20	21	22	23	24	25	26
27	28	29	30			

| | | | | | | | | | | | | | | | | | | | | | | | |
|8|9|10|11|12|13|14|15|16|17|18|19|20|21|22|23|24|25|26|27|28|29|30|31|

WEDNESDAY	THURSDAY	FRIDAY	SATURDAY
			1
5	**6**	**7**	**8**
12	**13**	**14**	**15**
19	**20**	**21**	**22**
26	**27**	**28**	**29**

APR 2025

DAYS		1	2	3	4	5	6	7
PLANS		☐	☐	☐	☐	☐	☐	☐
		☐	☐	☐	☐	☐	☐	☐
		☐	☐	☐	☐	☐	☐	☐

SUNDAY	MONDAY	TUESDAY
		1
6	7	8
13	14	15
20	21	22
27	28	29

TO DO LIST:

- ○ _____
- ○ _____
- ○ _____
- ○ _____
- ○ _____
- ○ _____
- ○ _____
- ○ _____
- ○ _____
- ○ _____
- ○ _____
- ○ _____
- ○ _____
- ○ _____
- ○ _____
- ○ _____
- ○ _____
- ○ _____
- ○ _____
- ○ _____
- ○ _____
- ○ _____

MAY 2025

SUN	MON	TUE	WED	THU	FRI	SAT
				1	2	3
4	5	6	7	8	9	10
11	12	13	14	15	16	17
18	19	20	21	22	23	24
25	26	27	28	29	30	31

	8	9	10	11	12	13	14	15	16	17	18	19	20	21	22	23	24	25	26	27	28	29	30

WEDNESDAY	THURSDAY	FRIDAY	SATURDAY
2	3	4	5
9	10	11	12
16	17	18	19
23	24	25	26
30			

MAY
2025

SUNDAY	MONDAY	TUESDAY
4	5	6
11	12	13
18	19	20
25	26	27

TO DO LIST:

- ◯ _____
- ◯ _____
- ◯ _____
- ◯ _____
- ◯ _____
- ◯ _____
- ◯ _____
- ◯ _____
- ◯ _____
- ◯ _____
- ◯ _____
- ◯ _____
- ◯ _____
- ◯ _____
- ◯ _____
- ◯ _____
- ◯ _____
- ◯ _____
- ◯ _____
- ◯ _____

JUNE 2025

SUN	MON	TUE	WED	THU	FRI	SAT
1	2	3	4	5	6	7
8	9	10	11	12	13	14
15	16	17	18	19	20	21
22	23	24	25	26	27	28
29	30					

8	9	10	11	12	13	14	15	16	17	18	19	20	21	22	23	24	25	26	27	28	29	30	31

WEDNESDAY	THURSDAY	FRIDAY	SATURDAY
	1	2	3
7	8	9	10
14	15	16	17
21	22	23	24
28	29	30	31

JUN 2025

SUNDAY	MONDAY	TUESDAY
1	2	3
8	9	10
15	16	17
22	23	24
29	30	

TO DO LIST:

- ○ _____
- ○ _____
- ○ _____
- ○ _____
- ○ _____
- ○ _____
- ○ _____
- ○ _____
- ○ _____
- ○ _____
- ○ _____
- ○ _____
- ○ _____
- ○ _____
- ○ _____
- ○ _____
- ○ _____
- ○ _____
- ○ _____
- ○ _____
- ○ _____

JULY 2025

SUN	MON	TUE	WED	THU	FRI	SAT
		1	2	3	4	5
6	7	8	9	10	11	12
13	14	15	16	17	18	19
20	21	22	23	24	25	26
27	28	29	30	31		

8	9	10	11	12	13	14	15	16	17	18	19	20	21	22	23	24	25	26	27	28	29	30

WEDNESDAY	THURSDAY	FRIDAY	SATURDAY
4	5	6	7
11	12	13	14
18	19	20	21
25	26	27	28

JUL 2025

SUNDAY	MONDAY	TUESDAY
		1
6	7	8
13	14	15
20	21	22
27	28	29

TO DO LIST:

- ○ _____
- ○ _____
- ○ _____
- ○ _____
- ○ _____
- ○ _____
- ○ _____
- ○ _____
- ○ _____
- ○ _____
- ○ _____
- ○ _____
- ○ _____
- ○ _____
- ○ _____
- ○ _____
- ○ _____
- ○ _____
- ○ _____
- ○ _____
- ○ _____
- ○ _____

AUGUST 2025

SUN	MON	TUE	WED	THU	FRI	SAT
					1	2
3	4	5	6	7	8	9
10	11	12	13	14	15	16
17	18	19	20	21	22	23
24	25	26	27	28	29	30
31						

8	9	10	11	12	13	14	15	16	17	18	19	20	21	22	23	24	25	26	27	28	29	30	31

WEDNESDAY	THURSDAY	FRIDAY	SATURDAY
2	3	4	5
9	10	11	12
16	17	18	19
23	24	25	26
30	31		

AUG 2025

DAYS			1	2	3	4	5	6	7
PLANS			☐	☐	☐	☐	☐	☐	☐
			☐	☐	☐	☐	☐	☐	☐
			☐	☐	☐	☐	☐	☐	☐

SUNDAY	MONDAY	TUESDAY
3	4	5
10	11	12
17	18	19
24	25	26
31		

TO DO LIST:

- ◯ _____
- ◯ _____
- ◯ _____
- ◯ _____
- ◯ _____
- ◯ _____
- ◯ _____
- ◯ _____
- ◯ _____
- ◯ _____
- ◯ _____
- ◯ _____
- ◯ _____
- ◯ _____
- ◯ _____
- ◯ _____
- ◯ _____
- ◯ _____
- ◯ _____
- ◯ _____

SEPTEMBER 2025

SUN	MON	TUE	WED	THU	FRI	SAT
	1	2	3	4	5	6
7	8	9	10	11	12	13
14	15	16	17	18	19	20
21	22	23	24	25	26	27
28	29	30				

8	9	10	11	12	13	14	15	16	17	18	19	20	21	22	23	24	25	26	27	28	29	30	31

WEDNESDAY	THURSDAY	FRIDAY	SATURDAY
		1	2
6	7	8	9
13	14	15	16
20	21	22	23
27	28	29	30

SEP
2025

DAYS			1	2	3	4	5	6	7
PLANS									

SUNDAY	MONDAY	TUESDAY
	1	2
7	8	9
14	15	16
21	22	23
28	29	30

TO DO LIST:

- ○ _____
- ○ _____
- ○ _____
- ○ _____
- ○ _____
- ○ _____
- ○ _____
- ○ _____
- ○ _____
- ○ _____
- ○ _____
- ○ _____
- ○ _____
- ○ _____
- ○ _____
- ○ _____
- ○ _____
- ○ _____
- ○ _____
- ○ _____
- ○ _____

OCTOBER 2025

SUN	MON	TUE	WED	THU	FRI	SAT
			1	2	3	4
5	6	7	8	9	10	11
12	13	14	15	16	17	18
19	20	21	22	23	24	25
26	27	28	29	30	31	

8	9	10	11	12	13	14	15	16	17	18	19	20	21	22	23	24	25	26	27	28	29	30

WEDNESDAY	THURSDAY	FRIDAY	SATURDAY
3	4	5	6
10	11	12	13
17	18	19	20
24	25	26	27

OCT 2025

DAYS

PLANS		1	2	3	4	5	6	7

SUNDAY	MONDAY	TUESDAY

TO DO LIST:

- _____
- _____
- _____
- _____
- _____
- _____
- _____
- _____
- _____
- _____
- _____
- _____
- _____
- _____
- _____
- _____
- _____
- _____
- _____
- _____
- _____

SUNDAY	MONDAY	TUESDAY
5	6	7
12	13	14
19	20	21
26	27	28

NOVEMBER 2025

SUN	MON	TUE	WED	THU	FRI	SAT
						1
2	3	4	5	6	7	8
9	10	11	12	13	14	15
16	17	18	19	20	21	22
23	24	25	26	27	28	29
30						

8	9	10	11	12	13	14	15	16	17	18	19	20	21	22	23	24	25	26	27	28	29	30	31

WEDNESDAY	THURSDAY	FRIDAY	SATURDAY
1	2	3	4
8	9	10	11
15	16	17	18
22	23	24	25
29	30	31	

NOV
2025

TO DO LIST:

- ○ _____
- ○ _____
- ○ _____
- ○ _____
- ○ _____
- ○ _____
- ○ _____
- ○ _____
- ○ _____
- ○ _____
- ○ _____
- ○ _____
- ○ _____
- ○ _____
- ○ _____
- ○ _____
- ○ _____
- ○ _____
- ○ _____
- ○ _____

DAYS			1	2	3	4	5	6	7
PLANS									

SUNDAY	MONDAY	TUESDAY
2	3	4
9	10	11
16	17	18
23	24	25
30		

8	9	10	11	12	13	14	15	16	17	18	19	20	21	22	23	24	25	26	27	28	29	30

WEDNESDAY	THURSDAY	FRIDAY	SATURDAY
			1
5	6	7	8
12	13	14	15
19	20	21	22
26	27	28	29

DEC 2025

SUNDAY	MONDAY	TUESDAY
	1	2
7	8	9
14	15	16
21	22	23
28	29	30

TO DO LIST:

○ _____
○ _____
○ _____
○ _____
○ _____
○ _____
○ _____
○ _____
○ _____
○ _____
○ _____
○ _____
○ _____
○ _____
○ _____
○ _____
○ _____
○ _____
○ _____
○ _____
○ _____

JANUARY 2026

SUN	MON	TUE	WED	THU	FRI	SAT
				1	2	3
4	5	6	7	8	9	10
11	12	13	14	15	16	17
18	19	20	21	22	23	24
25	26	27	28	29	30	31

8	9	10	11	12	13	14	15	16	17	18	19	20	21	22	23	24	25	26	27	28	29	30	31

WEDNESDAY	THURSDAY	FRIDAY	SATURDAY
3	4	5	6
10	11	12	13
17	18	19	20
24	25	26	27
31			

Notes

Notes

Notes

Notes

Notes

Notes

Notes

Notes

Notes

Notes

Notes

Notes

Notes

Notes

Made in United States
North Haven, CT
26 June 2022